¿ES EL FINAL?
INTELIGENCIA
ARTIFICIAL

I A

Luiz Tozzo

Mayo

Dedico a Dios, mi familia y amigos

*"Diariamente, me siento por un momento en silencio en
agradecimiento por cada detalle.
Agradezco poder levantarme de la cama todos los días y poder
caminar, respirar, trabajar, tener autonomía para realizar
mis tareas y agradezco al Creador que me ha cuidado".*

Si creas un gran avance en el campo de la inteligencia artificial para que las máquinas puedan aprender, valdrá 10 Microsofts.

BILL GATES

PREFACIO

La inteligencia artificial es una de las tecnologías más fascinantes y transformadoras de nuestro tiempo. Tiene el potencial de revolucionar la forma en que vivimos, trabajamos y nos relacionamos entre nosotros. En este libro, exploramos los fundamentos de la inteligencia artificial, desde algoritmos de aprendizaje automático hasta redes neuronales profundas. Descubra cómo se utiliza la IA en una variedad de industrias, desde la medicina hasta la industria automotriz, y cómo está cambiando la forma en que pensamos sobre la inteligencia y la creatividad. Con conocimientos de los principales expertos en el campo y ejemplos prácticos de la aplicación de IA, este libro es una introducción indispensable para cualquier persona interesada en comprender la revolución de la inteligencia artificial.

São Paulo-SP-Brasil
mayo 2023
El autor-Luiz Tozzo

Introducción

"INTELIGENCIA ARTIFICIAL", ¿ES ESTE EL FIN?

Daniel 12: 4. Y tú, Daniel, cierra estas palabras y sella este libro, hasta el fin de los tiempos; muchos correrán de un lado a otro, y el conocimiento se multiplicará.

La inteligencia artificial es una rama de la informática que busca desarrollar algoritmos y sistemas capaces de realizar tareas que tradicionalmente requerirían inteligencia humana. Esta área de estudio ha crecido exponencialmente en las últimas décadas, impulsada por los avances tecnológicos y la creciente necesidad de automatizar procesos y resolver problemas complejos en diferentes áreas, como salud, finanzas, industria y logística. La inteligencia artificial tiene el potencial de revolucionar la forma en que vivimos y trabajamos, brindando beneficios significativos a la sociedad.

Resumen

1. Historia de la inteligencia artificial: desde las primeras ideas hasta los avances más recientes.

2. Tipos de inteligencia artificial: explicación de diferentes enfoques para construir sistemas inteligentes, como aprendizaje automático, redes neuronales y lógica simbólica.

3. Aplicaciones de la Inteligencia Artificial: Ejemplos de cómo se está utilizando la IA en varios sectores, como la atención médica, las finanzas y el transporte.

4. Ética y responsabilidad en la inteligencia artificial: discusión sobre los impactos sociales y éticos de la IA y cómo podemos garantizar que se use de manera responsable.5. Cómo aprende la inteligencia artificial: una mirada detallada a los algoritmos de aprendizaje automático y cómo se entrenan.

6. Robótica e inteligencia artificial: cómo se está integrando la IA en los robots para hacerlos más inteligentes y autónomos.

7. Procesamiento del lenguaje natural: cómo las computadoras pueden comprender y producir el lenguaje humano.

8. Visión por computadora: cómo las computadoras pueden "ver" e interpretar imágenes y videos.

9. Desafíos de la Inteligencia Artificial: Una revisión de los principales desafíos que enfrentan los investigadores cuando intentan crear sistemas inteligentes avanzados.

10. Futuro de la inteligencia artificial: una reflexión sobre el potencial de la IA para transformar la sociedad y las posibles implicaciones de un futuro con sistemas cada vez más inteligentes. 11. Humanoides e Inteligencia Artificial: ¿Pueden los humanoides traer riesgos para la humanidad cuando son controlados por Inteligencia Artificial?

12. Fuerzas Armadas e Inteligencia Artificial: ¿Cuál es el riesgo de que las fuerzas armadas con Inteligencia Artificial sean utilizadas

por dictadores?

1.Historia De La Inteligencia Artificial:

L a historia de la inteligencia artificial (IA) se remonta a la década de 1940, cuando muchos investigadores comenzaron a explorar el concepto de una máquina que pudiera imitar la inteligencia humana. El término "inteligencia artificial" fue acuñado en 1956 en una conferencia en el Dartmouth College, donde un grupo de investigadores se reunió para discutir el tema.

En las décadas posteriores, la IA ha evolucionado mucho. En la década de 1960, el desarrollo de sistemas expertos, programas que usaban reglas de lógica para tomar decisiones, fue un gran avance. En la década de 1970, la IA comenzó a aplicarse en diversos sectores, como la medicina, las finanzas y el control de procesos industriales. En la década de 1980, la IA se expandió a otras áreas, como la visión artificial y el procesamiento del lenguaje natural. Algunos de los algoritmos más importantes, como el algoritmo de retropropagación, se desarrollaron en este momento. En la década de 1990, la IA comenzó a aplicarse a sistemas autónomos como robots y vehículos autónomos, y el aprendizaje automático se convirtió en un área importante de investigación.

Desde entonces, la IA ha seguido evolucionando rápidamente, con avances significativos en áreas como el reconocimiento de voz, la traducción automática y la inteligencia artificial en general. Hoy en día, la IA se utiliza en una amplia variedad de aplicaciones, desde asistentes virtuales en teléfonos inteligentes hasta sistemas de diagnóstico médico y automóviles autónomos.

La Historia De La Inteligencia Artificial En La Década De 1940

La historia de la inteligencia artificial comienza en la década de 1940, cuando los investigadores comenzaron a explorar la idea de crear máquinas que pudieran simular la inteligencia humana. El término "inteligencia artificial" fue acuñado en 1956, durante una conferencia celebrada en el Dartmouth College, en Estados Unidos.

En la década de 1940, el matemático británico Alan Turing desarrolló la "Prueba de Turing", un método para evaluar la capacidad de una máquina para exhibir un comportamiento inteligente similar al de un ser humano. También en la década de 1940, el ingeniero eléctrico estadounidense Claude Shannon propuso un modelo matemático de cómo se podría programar una máquina para jugar al ajedrez.

En la década de 1950, el programa informático "Logic Theorist" desarrollado por el matemático estadounidense John McCarthy, fue capaz de demostrar teoremas matemáticos de forma lógica y simular la inteligencia humana a un nivel básico. Estos primeros avances fueron fundamentales para la creación del campo de la inteligencia artificial y sirvieron de base para el desarrollo de nuevas tecnologías y algoritmos en las décadas siguientes.

En Los Años 1960

En la década de 1960, la inteligencia artificial (IA) comenzó a desarrollarse como una disciplina distinta, con muchos investigadores trabajando en diferentes enfoques para crear sistemas que pudieran imitar la inteligencia humana.

Uno de los primeros enfoques de la IA fue el desarrollo de sistemas expertos. Estos sistemas utilizaban reglas de lógica para tomar decisiones y resolver problemas en áreas específicas como la medicina, las finanzas y el control de procesos industriales. Los sistemas expertos fueron desarrollados por investigadores como Edward Feigenbaum y Joshua Lederberg, quienes crearon el primer sistema experto en 1965 para diagnosticar la enfermedad renal.

Además de los sistemas expertos, la década de 1960 también vio el desarrollo de otros enfoques de la IA, como la programación simbólica.

Este enfoque implicó el uso de símbolos y reglas para representar el conocimiento y resolver problemas. Un ejemplo notable fue el proyecto GPS (General Problem Solver) dirigido por Allen Newell y Herbert Simon en la Universidad Carnegie Mellon.

Otro enfoque importante fue el uso de redes neuronales artificiales, que imitaban el funcionamiento del cerebro humano para realizar tareas como el reconocimiento de patrones y el aprendizaje automático.

Frank Rosenblatt desarrolló la primera red neuronal artificial, Perceptron, en 1958, pero la técnica no se hizo popular hasta la década de 1960. Si bien los avances en IA fueron significativos en la década de 1960, aún quedaban muchos desafíos por superar.

Las computadoras en ese momento eran muy limitadas en términos de poder de procesamiento y capacidad de almacenamiento, lo que dificultaba el desarrollo de sistemas más complejos. Además, muchos de los algoritmos y técnicas de IA todavía estaban en sus primeras etapas, y se necesitaría mucha más investigación y desarrollo para hacerlos más efectivos y útiles.

En Los 1970S

En la década de 1970, la investigación en inteligencia artificial atravesó un período de grandes avances y también de desilusión.

A principios de la década, el sistema "ELIZA", desarrollado por el informático Joseph Weizenbaum, llamó la atención del público al simular una conversación terapéutica con un humano, mostrando el potencial de la inteligencia artificial en áreas como la psicología.

Al mismo tiempo, el sistema "Shakey", desarrollado en el laboratorio de inteligencia artificial de la Universidad de Stanford, demostró la capacidad de los robots para navegar en entornos complejos y realizar tareas básicas.

Sin embargo, en la segunda mitad de la década, muchos investigadores se desilusionaron con la falta de progreso en el campo y comenzaron a cuestionar la viabilidad de la inteligencia artificial.

El libro "Perceptrons" de Marvin Minsky y Seymour Papert criticó la capacidad limitada de los algoritmos de redes neuronales artificiales en ese momento y provocó una caída en la financiación de la investigación en inteligencia artificial.

A pesar de las dificultades, la década de 1970 fue fundamental para la consolidación de la inteligencia artificial como un área importante de investigación y para el desarrollo de tecnologías que serían la base de futuros avances.

En La Década De 1980

En la década de 1980, la investigación en inteligencia artificial atravesó un período de renovación y avances significativos.

Una de las principales áreas de investigación en la década de 1980 fue el desarrollo de técnicas de aprendizaje automático, incluidas las redes neuronales artificiales y los algoritmos genéticos.

Estas técnicas permitieron que las máquinas aprendieran de los datos y mejoraran su capacidad para tomar decisiones.

Otro punto crítico fue el procesamiento del lenguaje natural, que permitió que las máquinas entendieran y respondieran a comandos de voz y texto.

Esto ha resultado en el desarrollo de asistentes virtuales como Siri de Apple y Alexa de Amazon.

Además, la década de 1980 vio avances significativos en robótica, con la aparición de robots capaces de realizar tareas complejas en entornos variados.

Un ejemplo notable fue el robot "PUMA" de Unimation, que fue el primer robot industrial programable comercialmente disponible.

La financiación del gobierno y el interés del sector privado en la inteligencia artificial también aumentaron en la década de 1980, impulsando aún más la investigación y el desarrollo de nuevas tecnologías.

En resumen, la década de 1980 fue una época de renovación y avances significativos en la investigación de la inteligencia artificial, que dio como resultado tecnologías que todavía se utilizan en muchas aplicaciones en la actualidad.

Inteligencia Artificial En Estos Días

Hoy en día, la inteligencia artificial es una de las áreas tecnológicas más dinámicas y de rápido desarrollo. Desde principios de la década de 2000, la inteligencia artificial se ha visto impulsada por una potencia informática cada vez mayor, grandes cantidades de datos disponibles y sofisticados algoritmos de aprendizaje automático.

Actualmente, la inteligencia artificial es muy utilizada en muchas áreas como reconocimiento de voz e imagen, análisis de datos, automatización de procesos, asistentes virtuales, robótica y muchas más. Algunas de las aplicaciones más comunes de la inteligencia artificial incluyen:

- Reconocimiento de voz e imagen: La inteligencia artificial se utiliza para identificar objetos en imágenes y reconocer comandos de voz en asistentes virtuales como Siri, Alexa y Google Assistant.

- Análisis de datos: La inteligencia artificial se utiliza para analizar grandes cantidades de datos e identificar patrones, tendencias e insights valiosos para las empresas.

- Automatización de procesos: la inteligencia artificial se utiliza para automatizar procesos repetitivos y rutinarios, como el servicio al cliente y el procesamiento de pedidos.

- Robótica: la inteligencia artificial se utiliza para desarrollar robots capaces de realizar tareas complejas en entornos variados, como la entrega de paquetes, la inspección de infraestructuras e incluso las cirugías médicas.

Sin embargo, el crecimiento de la inteligencia artificial también ha traído desafíos importantes, incluidos problemas de ética, privacidad y seguridad.

El debate sobre el uso responsable de la inteligencia artificial es cada vez más importante, y muchos gobiernos y organizaciones están trabajando para establecer regulaciones y pautas para el uso de la tecnología.

2-Tipos De Inteligencia Artificial

Hay tres tipos principales de inteligencia artificial: inteligencia artificial débil (o limitada), inteligencia artificial general e inteligencia artificial fuerte. La inteligencia artificial débil está diseñada para realizar tareas específicas de manera eficiente, mientras que la inteligencia artificial general es capaz de comprender y realizar una variedad de tareas. La inteligencia artificial fuerte es un sistema que tiene la capacidad de razonar, aprender y tomar decisiones de forma autónoma, sin necesidad de intervención humana.

Inteligencia Artificial Débil

La inteligencia artificial débil, también conocida como inteligencia artificial estrecha, es un tipo de tecnología de IA que está diseñada para realizar tareas específicas de manera eficiente, pero sin la capacidad de generalizar o aplicar el conocimiento adquirido en otras áreas.

Esta forma de IA se limita a un conjunto específico de tareas, como reconocimiento de voz, procesamiento de lenguaje natural, visión artificial, entre otras.

Un ejemplo de una IA débil es el asistente virtual de un teléfono inteligente, que es capaz de reconocer comandos de voz y realizar tareas específicas, como hacer una llamada o enviar un mensaje de texto.

La IA débil se usa ampliamente en una variedad de aplicaciones, desde sistemas de recomendación de tiendas en línea hasta sistemas de diagnóstico médico, lo que aumenta la eficiencia y la precisión en muchos
áreas

Sin embargo, ella no tiene la capacidad de comprender el contexto y la complejidad de la vida real, como lo haría una persona.

Inteligencia Artificial General

La inteligencia artificial general es un tipo de tecnología de IA que es capaz de comprender y realizar una amplia variedad de tareas.

A diferencia de la inteligencia artificial débil, que está diseñada para realizar tareas específicas de manera eficiente, la IA general puede aplicar el conocimiento adquirido en un área a otras áreas y aprender nuevas habilidades de forma autónoma.

La IA general sigue siendo un concepto en desarrollo, y no existe una tecnología de IA general totalmente funcional disponible en la actualidad. Sin embargo, se están realizando investigaciones en diversas áreas, como el aprendizaje profundo, las redes neuronales y los algoritmos de refuerzo, en un intento por desarrollar sistemas de IA que puedan considerarse "generales".

Un ejemplo hipotético de IA general sería un sistema que pudiera realizar tareas en diferentes áreas, como un asistente personal que pudiera ayudar con las tareas del hogar, jugar juegos, hablar de diferentes temas, entre otras actividades. Algunos expertos creen que la creación de una IA general podría revolucionar la forma en que las personas interactúan con la tecnología e incluso con el mundo.

Fuerte Inteligencia Artificial

La inteligencia artificial fuerte es un tipo de tecnología de IA que puede razonar, aprender y tomar decisiones de forma autónoma sin intervención humana. El término "fuerte" se refiere a la capacidad de la IA para ser considerada una entidad inteligente por derecho propio, capaz de superar la inteligencia humana en muchas áreas.

Actualmente, todavía no hay una IA fuerte completamente funcional disponible, pero esta es un área de investigación en constante evolución. La creación de una IA sólida se considera uno de los objetivos más ambiciosos y desafiantes en el campo de la inteligencia artificial, ya que implica construir un sistema que realmente pueda pensar y aprender como un ser humano.

Para lograr una IA sólida, los investigadores están desarrollando algoritmos de aprendizaje automático más avanzados, redes neuronales más complejas y mejorando el procesamiento del lenguaje natural.

La creación de una IA fuerte tiene el potencial de revolucionar la sociedad, con aplicaciones en varias áreas, como la medicina, la industria, el transporte, entre otras. Sin embargo, también existen preocupaciones sobre los posibles impactos de una IA fuerte en la sociedad y la economía, lo que hace que esta sea un área de investigación importante y crítica.

Diferentes Aproximaciones

Existen varios enfoques para construir sistemas inteligentes, cada uno con sus propias ventajas y desventajas. Estos son algunos de los principales enfoques:

1. Lógica: este enfoque utiliza reglas lógicas para representar el conocimiento y el razonamiento, como el sistema lógico proposicional y de primer orden. La ventaja de este enfoque es que se basa en sólidos principios matemáticos y se puede verificar fácilmente. Sin embargo, es posible que la lógica no pueda manejar la complejidad del mundo real.

2. Aprendizaje automático: este enfoque utiliza algoritmos que permiten que el sistema aprenda de ejemplos y datos en lugar de tener que programarlo explícitamente.

La ventaja de este enfoque es que puede manejar datos complejos y cambiantes y puede aprender y adaptarse continuamente. Sin embargo, la calidad de los resultados depende de la calidad de los datos de entrenamiento y es posible que la IA no pueda explicar cómo llegó a una decisión.

3. Redes neuronales: este enfoque se basa en el funcionamiento del cerebro humano y utiliza un conjunto de neuronas artificiales interconectadas para aprender y tomar decisiones.

La ventaja de este enfoque es que es altamente adaptable y puede manejar datos complejos.

Sin embargo, es difícil entender cómo las redes neuronales llegan a sus decisiones y los resultados pueden ser difíciles de interpretar.

4. Computación evolutiva: este enfoque utiliza algoritmos inspirados en la selección natural para desarrollar soluciones a un problema.

La ventaja de este enfoque es que puede encontrar soluciones óptimas a problemas complejos y puede manejar múltiples soluciones. Sin embargo, encontrar la solución ideal puede ser difícil y el proceso puede llevar mucho tiempo.

Estos son solo algunos de los enfoques para construir sistemas inteligentes. Cada enfoque tiene sus propias ventajas y desventajas y la elección del enfoque depende del problema a resolver y los recursos disponibles.

3. Aplicaciones De La Inteligencia Artificial

L a inteligencia artificial tiene varias aplicaciones en áreas como salud, finanzas, transporte, educación, entre otras. Algunas de las principales aplicaciones incluyen: diagnóstico médico, previsión del mercado financiero, automatización de procesos, reconocimiento de voz e imagen, vehículos autónomos, chatbots y asistentes virtuales, entre muchas otras. La IA también se puede utilizar para mejorar la eficiencia y la precisión de los procesos en varias áreas, además de permitir el descubrimiento de nuevos conocimientos y oportunidades comerciales.

La inteligencia artificial tiene varias aplicaciones en el cuidado de la salud, tales como:

1. Diagnóstico médico: la IA puede ayudar a identificar enfermedades y trastornos en función de imágenes médicas,

como tomografías computarizadas y resonancias magnéticas, y datos del paciente, como antecedentes médicos y síntomas.

2. Análisis de datos: la IA puede ayudar a analizar grandes cantidades de datos médicos, como registros de pacientes y ensayos clínicos, para identificar patrones y conocimientos útiles.

3. Personalización del tratamiento: la IA puede ayudar a personalizar el tratamiento médico en función de los datos individuales del paciente, como la genética y el historial médico, para mejorar la eficacia del tratamiento y reducir los efectos secundarios.

4. Monitoreo remoto: la IA puede ayudar a monitorear a los pacientes de forma remota, identificando posibles problemas de salud y brindando alertas en tiempo real a médicos y profesionales de la salud.

5. Descubrimiento de fármacos: la IA puede ayudar a acelerar el descubrimiento de nuevos fármacos y terapias mediante el análisis de grandes cantidades de datos biológicos y químicos para identificar posibles objetivos de tratamiento.

En Finanzas

La inteligencia artificial tiene varias aplicaciones en el sector financiero, tales como:

1. Pronóstico del mercado financiero: la IA puede ayudar a predecir las tendencias del mercado financiero mediante el análisis de grandes cantidades de datos económicos y financieros.

2. Detección de fraude: la IA puede ayudar a detectar actividades sospechosas y fraudulentas en transacciones financieras, reduciendo el riesgo de fraude.

3. Análisis crediticio: la IA puede ayudar a evaluar el riesgo crediticio de un cliente mediante el análisis de su historial financiero y crediticio.

4. Automatización de procesos: la IA puede ayudar a automatizar tareas repetitivas y rutinarias en empresas financieras, mejorando la eficiencia y reduciendo costos.

5. Asistente virtual: la IA se puede utilizar para crear asistentes virtuales que ayuden a los clientes a administrar sus finanzas al proporcionar información y orientación personalizadas.

En Transporte

La inteligencia artificial tiene un gran potencial para mejorar la eficiencia y la seguridad en el transporte, y se puede aplicar en áreas como el control del tráfico, la previsión de la demanda, la optimización de rutas, la monitorización de vehículos y la detección de anomalías o problemas técnicos. Además, la IA también se puede utilizar en sistemas de asistencia al conductor y de conducción autónoma.

En Educación

La inteligencia artificial se puede aplicar en la educación de muchas maneras, como personalizar el aprendizaje, analizar datos educativos para mejorar el rendimiento de los estudiantes, crear sistemas de tutoría inteligentes e identificar patrones de comportamiento de los estudiantes.

Además, la IA también se puede utilizar en la creación de materiales educativos interactivos y adaptables, detección automática de plagio y evaluación automatizada de trabajos y exámenes.

4. Ética Y Responsabilidad En Inteligencia Artificial

L a ética y la responsabilidad en la inteligencia artificial son clave para garantizar que las tecnologías se desarrollen y utilicen de manera justa, transparente y segura para todos.

Esto implica considerar las implicaciones sociales, políticas y económicas de las decisiones tomadas por los sistemas de IA, así como garantizar que los datos utilizados para capacitarlos sean representativos y no discriminatorios. Además, es importante establecer mecanismos de rendición de cuentas y transparencia para que las personas puedan entender cómo funcionan los sistemas de IA y cómo se toman las decisiones.

Los impactos sociales y éticos de la inteligencia artificial son complejos y variados. Por un lado, la IA puede traer importantes beneficios a la sociedad, como diagnósticos médicos más precisos, mayor eficiencia en la producción de bienes y servicios, e incluso una reducción de la siniestralidad vial.

Por otro lado, la IA también puede generar desigualdades e injusticias, como la exclusión de grupos marginados, la creación de sesgos discriminatorios y la falta de transparencia en la toma de decisiones.

Es importante considerar que la IA es tan buena como los datos que la alimentan y las personas que la programan y la usan. Por lo tanto, se necesita un esfuerzo consciente para garantizar que los datos sean representativos y no discriminatorios y que los profesionales de IA estén capacitados en cuestiones éticas y sociales relevantes.

Además, es importante contar con mecanismos de rendición de cuentas y transparencia para que las decisiones tomadas por los sistemas de IA puedan ser auditadas y entendidas por las personas afectadas por ellas.

5. Cómo Aprende La Inteligencia Artificial

L a inteligencia artificial aprende a través de algoritmos de aprendizaje automático que permiten que los sistemas de IA identifiquen patrones en los datos y, por lo tanto, hagan predicciones o decisiones. Hay varios tipos de algoritmos de aprendizaje automático, que incluyen:

1. Aprendizaje Supervisado: El sistema de IA se alimenta de datos etiquetados para aprender a hacer predicciones o clasificaciones basadas en esas etiquetas.

2. Aprendizaje no supervisado: el sistema de IA se alimenta de datos sin etiquetar y se deja que identifique patrones por sí solo.

3. Aprendizaje por refuerzo: el sistema de IA se alimenta con datos de retroalimentación y aprende a tomar decisiones que maximizan una recompensa.

Durante el proceso de aprendizaje, la IA ajusta sus parámetros para adaptarse mejor a los datos de entrenamiento con el fin de hacer predicciones más precisas o tomar decisiones más informadas. A medida que se agregan más datos, la IA puede continuar ajustando sus parámetros y mejorando su precisión y rendimiento.

6. Robótica E Inteligencia Artificial

La robótica y la inteligencia artificial a menudo se combinan para crear sistemas robóticos autónomos e inteligentes. La inteligencia artificial se utiliza para permitir que los robots tomen decisiones y realicen tareas sin intervención humana. Esto implica el uso de algoritmos de aprendizaje automático para enseñar al robot cómo reconocer objetos, navegar por un entorno, evitar obstáculos y tomar decisiones basadas en información sensorial.

Los robots también pueden equiparse con sensores, como

cámaras, micrófonos y sensores hápticos, para recopilar información sobre el entorno en el que operan.

Luego, esta información se procesa a través de algoritmos de inteligencia artificial para permitir que el robot tome decisiones informadas y realice tareas de manera precisa y eficiente.

Los sistemas robóticos autónomos e inteligentes tienen muchas aplicaciones prácticas en áreas como la fabricación, la logística, la atención médica, la agricultura y la exploración espacial.

Sin embargo, también existen preocupaciones sobre el impacto de estas tecnologías en el mercado laboral y sobre cuestiones éticas y de seguridad que rodean el uso de robots en situaciones peligrosas o delicadas.

Cómo se está integrando la Inteligencia Artificial en los robots para hacerlos más inteligentes y autónomos

La IA se está integrando en los robots de diversas formas para hacerlos más inteligentes y autónomos. Estas son algunas de las principales formas:

1. Aprendizaje automático: los robots pueden equiparse con algoritmos de aprendizaje automático para aprender a reconocer objetos, navegar en entornos complejos y tomar decisiones basadas en información sensorial.

2. Procesamiento del lenguaje natural: los robots pueden equiparse con procesamiento del lenguaje natural para comprender y responder a los comandos de voz.

3. Visión por computadora: los robots pueden equiparse con cámaras y software de visión por computadora para detectar objetos, reconocer rostros y leer códigos de barras.

4. Inteligencia artificial distribuida: los robots se pueden conectar a redes de inteligencia artificial distribuida para compartir información y tomar decisiones colectivas.

5. Redes neuronales profundas: los robots pueden equiparse con redes neuronales profundas para aprender a realizar tareas complejas, como reconocimiento de voz o reconocimiento de imágenes.

6. Robótica colaborativa: los robots pueden equiparse con sensores y algoritmos para trabajar junto con los humanos, lo que les permite realizar tareas más complejas y eficientes.

En general, la IA se está integrando en los robots para hacerlos más autónomos y capaces de realizar tareas complejas de manera más segura y eficiente, lo que permite a los humanos concentrarse en tareas que requieren más habilidad y creatividad.

7. Inteligencia Artificial Y Procesamiento Del Lenguaje Natural

L a inteligencia artificial (IA) y el procesamiento del lenguaje natural (NLP) están estrechamente relacionados. AI permite que las computadoras aprendan y tomen decisiones basadas en datos, mientras que NLP permite que las computadoras entiendan y procesen el lenguaje natural de los humanos.

La PNL es un área de la IA que se enfoca en cómo las máquinas pueden comprender, interpretar y producir el lenguaje humano.

Utiliza algoritmos de aprendizaje automático para analizar el lenguaje natural y extraer información relevante. Esto permite que los sistemas informáticos comprendan y respondan preguntas de forma autónoma, traduzcan idiomas e incluso generen texto.

Algunos ejemplos de aplicaciones de PNL incluyen asistentes virtuales como Siri de Apple y Alexa de Amazon, que pueden entender lo que dicen los usuarios y responder en consecuencia.

La PNL también se usa ampliamente en los chatbots, que son programas informáticos que pueden interactuar con los usuarios a través de mensajes de texto o de voz.

En resumen, AI y NLP trabajan juntos para permitir que las computadoras comprendan y procesen el lenguaje humano natural, que tiene innumerables aplicaciones en muchas áreas, desde asistentes virtuales hasta chatbots y traducción de idiomas.

Cómo las computadoras pueden entender y producir el lenguaje humano.

Las computadoras son capaces de comprender y producir lenguaje humano utilizando técnicas de procesamiento de lenguaje natural (NLP).

Hay varios pasos involucrados en el proceso de PNL, que incluyen:

1. Análisis morfológico: este paso consiste en analizar las palabras de una oración y cómo se relacionan entre sí. Esto incluye la identificación de palabras raíz, sufijos y prefijos.

2. Análisis sintáctico: en este paso se analiza la estructura gramatical de la oración para identificar las relaciones entre las palabras y cómo están organizadas.

3. Análisis semántico: en este paso, se analiza el significado de las

palabras para comprender el significado general de la oración.

4. Análisis pragmático: este paso implica comprender el contexto en el que se usa la frase.

5. Generación de lenguaje: después de comprender el significado de la oración, la computadora puede generar una respuesta apropiada en lenguaje natural.

Estos pasos generalmente involucran algoritmos de aprendizaje automático que permiten que la computadora aprenda de ejemplos de lenguaje natural.

Los algoritmos utilizan técnicas como redes neuronales y procesamiento profundo del lenguaje para analizar grandes conjuntos de datos de lenguaje natural y aprender a reconocer patrones y relaciones entre palabras.

La producción de lenguaje natural se logra mediante el proceso inverso, donde la computadora usa la información que ha aprendido para generar una respuesta apropiada en lenguaje natural.

Esto se puede hacer a través de técnicas como la generación de texto y la síntesis de voz, donde la computadora puede generar texto o voz para responder preguntas o realizar tareas específicas.

En resumen, las computadoras son capaces de comprender y producir lenguaje humano utilizando técnicas de procesamiento de lenguaje natural que involucran análisis morfológico, sintáctico, semántico y pragmático, así como algoritmos de aprendizaje automático para aprender de ejemplos de lenguaje natural.

8. Visión Por Computadora

La Inteligencia Artificial (IA) y la Visión por Computador (CV) son dos áreas interrelacionadas de la informática que tienen como objetivo hacer que las máquinas sean capaces de "ver" y "comprender" el mundo que las rodea.

La IA es un campo de la informática que implica el desarrollo de algoritmos y técnicas que permiten a las máquinas aprender y tomar decisiones de forma autónoma.

La IA se usa en una amplia variedad de aplicaciones, desde juegos de computadora hasta automóviles autónomos, y la visión por computadora es una de las áreas donde se aplica la IA.

VC es un área de IA que se enfoca en el desarrollo de algoritmos y técnicas que permiten a las máquinas "ver" e interpretar imágenes y videos.

VC se utiliza en una amplia variedad de aplicaciones, desde seguridad y vigilancia hasta diagnósticos médicos y automatización industrial.

Algunas técnicas comunes utilizadas en VC incluyen reconocimiento de patrones, detección de objetos, segmentación de imágenes y reconocimiento facial.

Estas técnicas a menudo implican el uso de algoritmos de aprendizaje automático que se entrenan en grandes conjuntos de datos de imágenes y videos para aprender a reconocer patrones y características específicos.

En resumen, AI y VC son áreas interrelacionadas de la informática que tienen como objetivo hacer que las máquinas puedan "ver" y "comprender" el mundo que las rodea.

La IA se utiliza para desarrollar algoritmos y técnicas que permiten que las máquinas aprendan y tomen decisiones de forma autónoma, mientras que VC se centra en el desarrollo de algoritmos y técnicas que permiten a las máquinas interpretar imágenes y videos.

Cómo las computadoras pueden "ver" e interpretar imágenes y videos

Las computadoras pueden "ver" e interpretar imágenes y videos a través de algoritmos de procesamiento de imágenes y visión por computadora.

Estos algoritmos analizan la información presente en los píxeles de la imagen o el cuadro de video y realizan tareas como detección de objetos, reconocimiento de patrones, identificación de rostros y mucho más.

Para ello, utilizan técnicas como el aprendizaje automático y las redes neuronales, que permiten a los ordenadores aprender a partir de ejemplos y mejorar continuamente su capacidad de "ver" e interpretar imágenes y vídeos.

9. Retos De La Inteligencia Artificial

L a inteligencia artificial (IA) enfrenta varios desafíos, que incluyen:

1. Sesgo: la IA puede reproducir y amplificar los sesgos existentes en los datos históricos, sociales y culturales.

2. Interpretación: la IA puede ser difícil de interpretar, especialmente en sistemas de aprendizaje profundo donde los algoritmos se entrenan a escala.

3. Seguridad: la IA puede ser vulnerable a los ataques cibernéticos,

incluidos los ataques de adversarios que intentan engañar o manipular el sistema.

4. Ética: la IA puede plantear cuestiones éticas, especialmente en áreas como la privacidad, la gobernanza y la responsabilidad.

5. Empleo: la IA puede reemplazar puestos de trabajo en muchas áreas, lo que puede conducir a cambios significativos en la economía y la sociedad.

6. Regulación: existen muchos desafíos para regular la IA, incluida la necesidad de enfoques flexibles y adaptables que puedan manejar el rápido avance de la tecnología.

Desafíos a los que se enfrentan los investigadores cuando intentan crear sistemas inteligentes avanzados.

Los investigadores enfrentan varios desafíos cuando intentan crear sistemas inteligentes avanzados, que incluyen:

1. Datos de entrenamiento insuficientes: muchos sistemas de inteligencia artificial se basan en grandes cantidades de datos de entrenamiento para aprender de los ejemplos y mejorar su precisión.

Sin embargo, en algunos casos puede ser difícil encontrar suficientes datos de entrenamiento de alta calidad.

2. Complejidad del problema: algunos problemas son tan complejos que incluso los sistemas de inteligencia artificial más avanzados luchan por resolverlos. Por ejemplo, tareas como comprender el lenguaje natural y tomar decisiones en entornos inciertos pueden ser extremadamente desafiantes.

3. Interpretabilidad: muchos sistemas de inteligencia artificial son difíciles de interpretar, lo que puede dificultar la identificación de errores o problemas con el sistema.

4. Sesgo: la inteligencia artificial puede amplificar los sesgos existentes en los datos de entrenamiento, lo que da como resultado modelos sesgados que discriminan a ciertos grupos.

5. Seguridad: Los sistemas de inteligencia artificial pueden ser vulnerables a ciberataques y otros tipos de ataques maliciosos. La seguridad es una preocupación importante en áreas como la salud, las finanzas y la defensa.

6. Ética: la inteligencia artificial puede plantear cuestiones éticas complejas, como la privacidad, la gobernanza y la responsabilidad.

Los investigadores deben considerar cuidadosamente estos problemas al diseñar sistemas avanzados de inteligencia artificial.

10. Futuro De La Inteligencia Artificial:

Los investigadores enfrentan varios desafíos cuando intentan crear sistemas inteligentes avanzados, que incluyen:

1. Recopilación y calidad de datos: La calidad de los modelos de inteligencia artificial depende de la calidad de los datos utilizados para entrenarlos. Los investigadores necesitan recopilar grandes cantidades de datos de alta calidad para mejorar la precisión y la eficacia de los sistemas.

2. Comprender cómo funciona el cerebro humano: A pesar de

los muchos avances en la comprensión del cerebro humano, todavía hay mucho que no sabemos sobre cómo funciona. Esta falta de conocimiento puede limitar nuestra capacidad para crear sistemas de inteligencia artificial que puedan replicar la inteligencia humana.

3. Desafíos técnicos: la creación de sistemas avanzados de inteligencia artificial requiere habilidades técnicas avanzadas en áreas como matemáticas, informática, ingeniería de software y robótica. Los investigadores tienen que enfrentar desafíos técnicos complejos para crear sistemas de IA efectivos.

4. Problemas éticos y de seguridad: la creación de sistemas avanzados de inteligencia artificial plantea problemas éticos y de seguridad, especialmente cuando se trata de sistemas autónomos. Los investigadores deben considerar cuidadosamente la ética y la seguridad de los sistemas de IA al diseñarlos e implementarlos.

5. Requerimientos de recursos: La creación de sistemas avanzados de inteligencia artificial requiere grandes cantidades de recursos computacionales y financieros, así como equipos de investigación altamente calificados. La falta de recursos puede limitar el progreso en la creación de sistemas avanzados de IA.

Una reflexión sobre el potencial de la IA para transformar la sociedad y las posibles implicaciones de un futuro con sistemas cada vez más inteligentes.

La inteligencia artificial tiene el potencial de transformar radicalmente la sociedad, afectando todos los aspectos de la vida, incluidos el trabajo, la educación, la salud, el transporte y el ocio.

La IA puede ayudar a resolver importantes desafíos globales como el cambio climático, la pobreza, el hambre y la salud pública mediante la creación de soluciones innovadoras y eficaces.

Sin embargo, esta transformación también puede tener implicaciones negativas. La IA puede generar desigualdades sociales y económicas, pérdida de empleos y una mayor dependencia de los sistemas tecnológicos.

La IA también se puede utilizar con fines maliciosos, como manipular información o crear armas autónomas.

Además, la IA puede presentar desafíos éticos y de privacidad, ya que puede recopilar, analizar y utilizar datos personales sin el consentimiento de las personas.

Esto puede conducir a violaciones de la privacidad y una sensación de falta de control sobre nuestra propia información personal.

Para abordar estas implicaciones, es importante que los desarrolladores de IA consideren cuidadosamente los impactos sociales, éticos y de privacidad de sus sistemas.

Deben trabajar en colaboración con expertos en ética, derechos humanos y privacidad para garantizar que la IA se utilice de manera responsable y justa.

En resumen, la IA tiene el potencial de transformar la sociedad de manera positiva, pero es importante que los desarrolladores y usuarios trabajen juntos para garantizar que estos sistemas se utilicen de manera responsable, ética y justa.

11.Humanoides E Inteligencia Artificial

L os humanoides son robots con forma humana que pueden ser controlados por inteligencia artificial.

La IA se utiliza para programar el comportamiento, los movimientos y la interacción de los humanoides con el entorno y con las personas.

Los humanoides también se pueden utilizar para el desarrollo y prueba de sistemas de IA, ya que permiten entrenar algoritmos de aprendizaje en un entorno más cercano al mundo real. Además, la interacción con humanoides puede ayudar a mejorar la usabilidad y la aceptación de las tecnologías de IA por parte de los usuarios finales.

¿Pueden los humanoides traer riesgos para la humanidad al ser controlados por inteligencia artificial?

Existen preocupaciones legítimas sobre el uso de robots humanoides controlados por IA y sus posibles riesgos para la humanidad.

Estos riesgos incluyen la posibilidad de que los humanoides estén programados para comportamientos peligrosos o maliciosos, o que la IA pueda volverse tan avanzada que los humanos pierdan el control sobre estos robots.

Un ejemplo de preocupación es la posibilidad de que los robots humanoides puedan usarse con fines militares, como soldados autónomos que toman decisiones de vida o muerte sin intervención humana. Esto puede conducir a un aumento de la violencia y los conflictos armados.

Además, existe la preocupación de que los robots humanoides puedan reemplazar a los trabajadores humanos en muchas industrias, lo que podría provocar una pérdida significativa de puestos de trabajo.

Por lo tanto, es importante que los robots humanoides controlados por IA se desarrollen y regulen de manera cuidadosa y responsable, teniendo en cuenta los posibles riesgos y beneficios para la humanidad.

La ética y la seguridad deben ser prioridades en cualquier desarrollo tecnológico.

12.Fuerzas Armadas E Inteligencia Artificial

L as fuerzas armadas están cada vez más interesadas en utilizar la inteligencia artificial en sus operaciones.

La IA se puede utilizar para el análisis de datos, la planificación de misiones, las simulaciones y el entrenamiento de combatientes.

Además, la IA se puede utilizar para mejorar la eficiencia y la eficacia de los equipos y sistemas militares.

Sin embargo, el uso de la IA en el ejército también plantea cuestiones éticas y de seguridad.

Es necesario garantizar que los sistemas de IA sean confiables, seguros y no violen las leyes y estándares internacionales.

Por lo tanto, es importante que el uso de la IA por parte de los militares vaya acompañado de una regulación adecuada y medidas de transparencia y rendición de cuentas.

¿Cuál es el riesgo de que las fuerzas armadas con inteligencia artificial sean utilizadas por dictadores?

El uso de fuerzas armadas de inteligencia artificial por parte de dictadores puede ser extremadamente peligroso, ya que la IA puede programarse para tomar decisiones que violan los derechos humanos y las libertades individuales.

Además, la IA se puede utilizar para monitorear y controlar a la población, lo que puede conducir a abusos de poder y represión.

Es importante que exista una regulación y supervisión adecuadas para garantizar que la tecnología se use de manera ética y responsable.

13. Espacio Exterior E Inteligencia Artificial

La inteligencia artificial tiene muchos usos en el espacio exterior, desde el análisis de datos recopilados de telescopios y satélites hasta el control de robots y vehículos espaciales autónomos.

La IA también se puede utilizar para predecir y mitigar el riesgo de colisiones de objetos espaciales, así como para optimizar el uso de recursos en misiones espaciales.

Además, la IA se puede utilizar para el desarrollo de sistemas de soporte vital en entornos hostiles, como los viajes espaciales a largo plazo.

La capacidad de aprendizaje de AI también se puede utilizar para mejorar la eficiencia y la eficacia de las misiones espaciales, lo que permite a las tripulaciones identificar y resolver problemas de forma más rápida y precisa.

Sin embargo, el uso de la IA en el espacio ultraterrestre también plantea cuestiones éticas y de seguridad, como garantizar que los sistemas de IA sean fiables y seguros y que no infrinjan las leyes y reglamentos internacionales.

Por lo tanto, es importante que el uso de la IA en el espacio ultraterrestre vaya acompañado de una regulación adecuada y medidas de transparencia y rendición de cuentas.

14. Inteligencia Artificial Y Agroindustria

E l uso de la inteligencia artificial (IA) en los agronegocios puede traer varios beneficios, tales como:

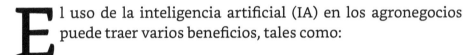

1. Mayor productividad: la IA puede ayudar a predecir las condiciones climáticas, optimizar el uso de insumos e identificar áreas que necesitan más atención, aumentando la eficiencia y la productividad de la producción agrícola.

2. Mejora de la calidad del producto: la IA se puede utilizar para monitorear y controlar el entorno de producción, identificando

situaciones que pueden afectar la calidad del producto, como plagas y enfermedades.

3. Reducción de costos: la IA puede ayudar a optimizar el uso de recursos, como el agua y la electricidad, reduciendo los costos de producción.

4. Toma de decisiones más precisa: la IA se puede utilizar para analizar grandes cantidades de datos, lo que permite tomar decisiones más precisas e informadas, como el momento ideal para la cosecha.

5. Monitoreo remoto: La IA se puede utilizar para monitorear remotamente las áreas de producción, lo que permite a los agricultores seguir el desarrollo de sus cultivos en tiempo real, sin la necesidad de estar físicamente presentes en todo momento.

15. ¿Es Este El Final?

No, la inteligencia artificial no será el final. La IA es una herramienta poderosa que tiene el potencial de mejorar muchos aspectos de nuestras vidas, como la salud, la educación, la seguridad y la economía. Puede ayudar a resolver problemas complejos, acelerar la investigación científica y mejorar la eficiencia en varias industrias.

Sin embargo, como cualquier tecnología, la IA también puede ser mal utilizada o malinterpretada, lo que puede tener consecuencias negativas.

Es importante que los investigadores, desarrolladores y usuarios de IA consideren cuidadosamente sus impactos sociales y éticos y trabajen juntos para garantizar que la IA se use de manera responsable y beneficie a la sociedad.

16.Conclusión

La inteligencia artificial es un campo fascinante que ha evolucionado rápidamente desde sus primeras ideas hasta los avances más recientes. Existen diferentes enfoques para construir sistemas inteligentes, como el aprendizaje automático, las redes neuronales y la lógica simbólica, cada uno con sus ventajas y desventajas.

La IA se está utilizando en industrias como la atención médica, las finanzas y el transporte, y tiene el potencial de transformar la sociedad.

Sin embargo, es importante discutir los impactos sociales y éticos de la IA y garantizar que se use de manera responsable.

Los algoritmos de aprendizaje automático son clave para permitir que la IA aprenda y se están integrando en los robots para hacerlos más inteligentes y autónomos.

La IA también se está utilizando para el procesamiento del lenguaje natural y la visión por computadora, lo que permite que las computadoras comprendan y produzcan el lenguaje humano e interpreten imágenes y videos. Sin embargo, la IA enfrenta desafíos importantes, incluida la falta de transparencia y la dificultad de interpretar el razonamiento de sistemas complejos.

Es importante que los investigadores continúen abordando estos desafíos para crear sistemas inteligentes avanzados y garantizar que la IA se utilice para el bien de la sociedad.

17. Referencia Bibliográfica

1-IA abierta. "ChatGPT es una inteligencia artificial de lenguaje natural desarrollada por OpenAI que utiliza una arquitectura de red neuronal para generar respuestas a las preguntas de los usuarios". Consultado el 18 de abril de 2023. (https://openai.com/blog/chat-gpt-3-launch/)

2-http://bibliajfa.com.br/app/arc/270/12/4